AF337356

A LA MÉMOIRE

DE

M. MELCHIOR-ADOLPHE

DES ROBERT

ANCIEN OFFICIER,

PRÉSIDENT DE LA SOCIÉTÉ D'HORTICULTURE DE LA MOSELLE,

PRÉSIDENT DU CONSEIL DE FABRIQUE

DE L'ÉGLISE CURIALE DE SAINT-MARTIN, ETC., ETC.

METZ

TYPOGRAPHIE DE NOUVIAN.

—

1866

A LA MÉMOIRE

DE

M. MELCHIOR-ADOLPHE

DES ROBERT

ANCIEN OFFICIER,

PRÉSIDENT DE LA SOCIÉTÉ D'HORTICULTURE DE LA MOSELLE,

PRÉSIDENT DU CONSEIL DE FABRIQUE

DE L'ÉGLISE CURIALE DE SAINT-MARTIN, ETC., ETC.

✝

METZ

TYPOGRAPHIE DE NOUVIAN.

1866

NOTICE BIOGRAPHIQUE

PAR

M. F.-M. CHABERT,

Membre titulaire de l'Académie impériale de Metz,
Ancien Secrétaire général de la Société d'horticulture de la Moselle [1].

* * *

MESSIEURS,

Ce n'est pas un éloge que j'essayerai de faire ici de notre regretté Président. Je veux rappeler seulement, en quelques pages, la part qu'il a prise à nos travaux. N'est-ce pas l'honneur et le devoir des Sociétés de se souvenir de ceux qui les ont servies?

Melchior-Adolphe DES ROBERT naquit le 21 Janvier 1806, au château de Spada (Meuse), du mariage d'entre Mlle Louise-Béatrix de Malvoisin et M. Charles-Antoine Des Robert, ancien officier aux gardes wallones, brigadier aux gardes du corps sous la Restauration, membre

---

[1] Cette notice a été lue dans la séance du Conseil administratif de cette Association, le 26 décembre 1865, et dans l'assemblée générale de tous les membres de la même Société, tenue au Jardin botanique de Metz, le 7 janvier 1866.

du Conseil municipal de Metz, colonel de la garde
nationale de cette ville, chevalier de Saint-Louis[1].

Après avoir commencé ses études à la petite école
de Saint-Cyr, à la solde du roi, il vint les achever au
collège de Metz, et fut admis à 18 ans comme élève à
l'école spéciale militaire de Saint-Cyr. Deux ans plus
tard, il débuta en qualité de sous-lieutenant au 38e régi-
ment d'infanterie de ligne, alors commandé par le
colonel marquis de Chérisey.

Le jeune Des Robert fit partie du camp de Saint-
Omer et prit part à la campagne de Belgique. En 1834,
il se maria avec Mlle Henriette Possel, fille de l'ancien
receveur général de la Moselle, président du syndicat
des receveurs généraux de France, et chevalier de la
Légion d'honneur. Cette année même, il avait donné
sa démission pour s'établir définitivement à Metz, qu'il
ne devait plus quitter, et où il passa trente-trois années
d'une vie dont les loisirs furent libéralement accordés
aux bonnes œuvres. Il n'avait pas renoncé à la carrière
militaire sans emporter un témoignage précieux de la
satisfaction du souverain. Adolphe Des Robert avait reçu

---

[1] La famille Des Robert, originaire du Languedoc, compte six généra-
tions d'officiers supérieurs, chevaliers de Saint-Louis, sans interruption.
Le premier membre de cette famille, qui se fixa en Lorraine, était capitaine
d'une compagnie franche, sous Louis XIV. Il descendait de noble Amyel
de Robert, qui habitait Castres dans la première moitié du seizième siècle.

Le grand-père de Melchior-Adolphe Des Robert mourut à l'âge de 92 ans,
ancien colonel du génie et doyen des chevaliers de l'ordre royal et militaire de Saint-Louis. Il avait reçu cette décoration au siége de Québec,
à peine âgé de 25 ans, pour action d'éclat.

C. l'*Armorial du Languedoc*, par Larroque; d'Hozier, *Manuscrit de la
bibl. imp.*, p. 666, et l'*Histoire des chevaliers de Saint-Louis*.

des mains de Charles X un sabre portant pour suscription sur la lame : *donné par le Roi.*

Pendant ces trente-trois années, nous trouvons le nom de Des Robert inscrit dans toute réunion d'hommes studieux, instruits, charitables, distingués à des titres divers. Toute œuvre méritoire rencontre immédiatement de sa part sympathie, argent, et fréquemment une coopération active. Partout il vise moins à l'éclat qu'à l'utilité, et il ne met à profit la position si honorable que lui assurent la naissance et la fortune, que pour faire le bien avec le plus de discernement qu'il est possible.

M. Des Robert appartenait, depuis 1850, à la Société d'horticulture de la Moselle. Au mois de janvier 1853, il fut appelé à présider cette compagnie. C'était la juste récompense du zèle et de l'impartialité avec lesquels il avait concouru aux opérations de plusieurs jurys de nos plus brillantes expositions et des comités de visite des jardins. Nul n'aimait plus sincèrement notre association, n'applaudissait plus franchement aux succès des membres collaborateurs, et ne travaillait avec plus d'activité à lui concilier l'estime et la considération publiques.

Modeste et désintéressé, il aimait à faire valoir les travaux de ses collègues, et s'effaçait volontiers pour leur donner une place plus large et les mettre en évidence.

La première fois[1] que M. Des Robert prononça un

---

[1] Séance publique du 3 mai 1853, présidée par M. le comte Malher, préfet.

discours comme directeur de la Société d'horticulture, il émut facilement son auditoire, car il n'eut qu'à laisser paraître son âme, toute remplie de l'amour du beau et du bien.

Sous son influence régénératrice, l'Association mosellane, quelques instants assoupie, se réveilla vivement et il s'ensuivit une ère de prospérité que favorisa encore une augmentation très-sensible dans le nombre de ses membres. A l'appui de notre assertion, nous prions nos confrères de se reporter au travail que nous avons rédigé sous le titre suivant: *Aperçu rétrospectif des travaux et de l'influence morale de la Société d'horticulture du département de la Moselle*, de 1843 à 1860. Il est inséré dans le journal de cette Société, année 1860, pages 45 et suivantes. Nous relèverons seulement ici les faits les plus importants réalisés dans la période des sept dernières années, c'est-à-dire de 1853 à 1860, par ordre chronologique:

1853. Mémoire pour le maintien et le rétablissement du jardin botanique de la ville de Metz, dont l'existence commençait à être déjà fortement menacée. — 1853-1854. Cours théoriques et pratiques de culture et de taille des arbres fruitiers et d'avenue, professés à Metz et dans les trois autres chefs-lieux d'arrondissement de la Moselle, par M. Dubreuil. — Concours spécial entre les jardiniers pour l'application jugée la plus satisfaisante des principes les mieux entendus en arboriculture. — 1854. Substitution d'une publication trimestrielle au bulletin annuel de la Société. — Part très-active prise par des membres de l'Association horticole aux Assises scientifiques tenues à Metz. — 1855. Création d'un cours permanent d'arboriculture. — Rédaction du calendrier horticole spécial au département de la Moselle. — 1856. Révision du réglement. — Hommages publics rendus aux horticulteurs éminents du pays. — 1857. Liste des synonymes des fruits cultivés dans la Moselle. — Distribution gratuite de greffes saines destinées à régénérer les anciennes variétés des arbres fruitiers qui fournissent les marchés. — Agrégation à la Société des Dames patronesses. — Examen de candidats au diplôme d'aptitude ou de capacité. — 1858. Enseignement horticole par les instituteurs, encouragé dans les campagnes. — 1859. Second mémoire présenté sur le choix d'un terrain à acquérir par la ville de Metz, pour y créer un nouveau jardin botanique, avec annexe d'un jardin-école de culture potagère et de taille des arbres fruitiers et d'ornement.

Vous n'avez pas oublié, Messieurs, combien le président Des Robert se multiplia pour assurer le succès, qui a été on peut dire complet, de l'exposition universelle d'horticulture jointe au concours régional d'agriculture ouvert à Metz au mois de Mai 1861, et dont la durée ne fut pas moindre de quatre mois.

Depuis cette date mémorable, les leçons d'arboriculture ont été continuées, et un jardin modèle d'arbres fruitiers des espèces les plus recommandables a été établi. Appel a été fait aux membres de la Société pour en obtenir de fréquentes communications au point de vue pratique. L'ordre du jour des séances ordinaires a porté une question horticole d'intérêt général à traiter.

On a cherché à favoriser le plus qu'il est possible les expositions mensuelles, et à y faire venir les produits remarquables des maraîchers des environs de Metz. Aux récompenses en médailles et en livres spéciaux, a été ajoutée la distribution d'outils perfectionnés.

Dans ces derniers temps, le président Des Robert s'efforçait d'amener à la Société d'horticulture un personnel cotisant qui fût en rapport avec les améliorations désirables. C'était là une de ses principales et aussi une de ses plus vives préoccupations, parce qu'il n'ignorait point qu'à sa réalisation se rattachent des projets d'avenir et d'indépendance pour notre chère Société.

Les qualités qui distinguaient l'homme vous sont bien connues, Messieurs. Vous savez tous, en effet, ce qu'il y avait de noble, de bon, de digne dans cette existence qui vient de s'éteindre : affabilité naturelle, bienveillance pour tous, délicatesse des sentiments. M. Des Robert était homme de cœur comme il était homme de dévouement et sympathique à toutes les associations scientifiques établies à Metz, de même qu'aux nombreuses institutions de bienfaisance que compte notre ville charitable.

Il était bon et accessible pour tous et à toute heure. Cette âme vaillante à la compassion fut fortement brisée le jour où l'une de ses filles bien-aimées lui fut ravie avant l'heure ; mais, quand le père eut bien pleuré son enfant, l'homme n'avait rien perdu de sa bonté ; que dis-je ? il avait senti s'augmenter sa sollicitude pour tous ceux que le malheur visitait.

Cette seule citation des douloureuses épreuves qu'eut

à subir Adolphe Des Robert, nous permet de dire de lui en toute vérité : c'était une de ces natures droites, invariablement vouées au bien, ne relevant que de leur conscience et des inspirations du devoir. A ces qualités s'ajoutait une piété sincère et profonde qui a fortifié ses derniers moments, comme elle avait été le guide de toute sa vie. Le rayonnement de cette loyauté des anciens jours était le trait dominant de son caractère.

Le jeudi 30 novembre 1865, M. Des Robert est décédé à la suite d'une cruelle maladie dont le développement fut rapide. Le 5 de ce même mois, il avait encore pu réunir assez de force pour présider la première réunion de la Société d'horticulture après la rentrée des vacances.

Ses obsèques ont eu lieu en l'église Saint-Martin, en présence d'une assistance très-nombreuse, où l'on remarquait l'élite de la société messine, des magistrats, des fonctionnaires publics, et la plus grande partie des collègues et des amis que le défunt comptait dans les associations utiles auxquelles il avait longtemps appartenu.

Les précieux exemples donnés par Adolphe Des Robert, et sa mémoire sans tache restent un héritage sacré pour ses deux fils, MM. Ferdinand et Maurice, et pour M. et Mme de Braux, son gendre et sa fille. En nous associant à leur douleur, à leurs regrets, à leur confiance en Dieu, nous reportons avec eux vers le ciel un regard de consolation et d'espérance.

Nous, Messieurs, qui avons vu notre digne et cher

président de si près à l'œuvre [1], nous puiserons, dans le souvenir de son intelligente collaboration, une nouvelle preuve que l'unité de vue est une puissance et que l'union c'est la force.

---

[1] Pendant onze années consécutives, j'ai eu personnellement la satisfaction d'être son associé intime, comme secrétaire de la Société d'horticulture de la Moselle, et je n'oublierai jamais que, dans ces fonctions, j'ai été constamment l'objet de l'estime de cet homme de bien.

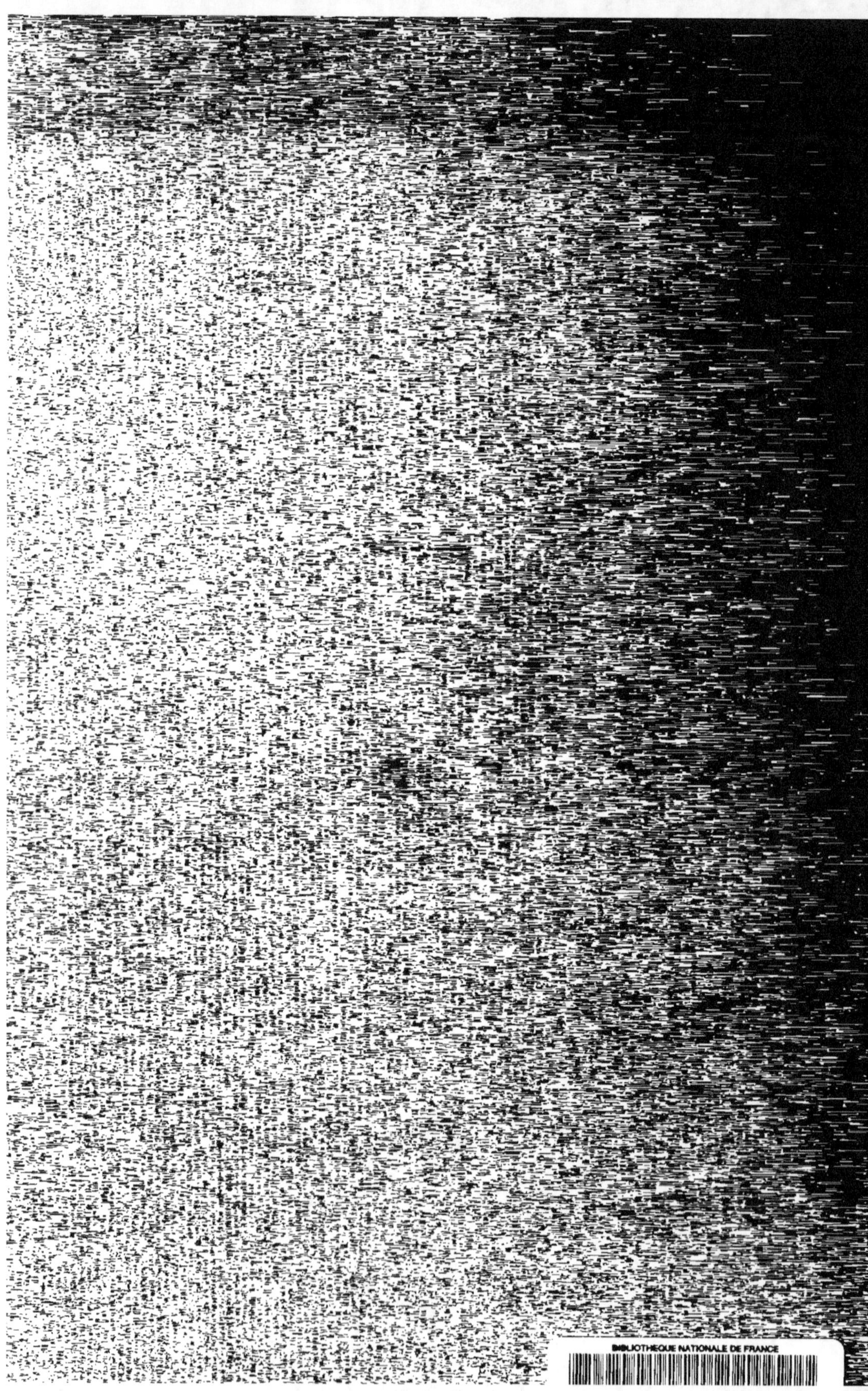